प्रेम के विभिन्न रंग

चुनिन्दा रागात्मक कविताओं का संग्रह

अंजु रंजन

वाणी प्रकाशन

वाणी प्रकाशन
4695, 21-ए, दरियागंज, नयी दिल्ली 110 002
फ़ोन : +91 11 23273167 फ़ैक्स : +91 11 23275710
शाखाएँ
अशोक राजपथ, पटना 800 004, बिहार
कॉफ़ी हाउस कैम्पस, महात्मा गांधी मार्ग, इलाहाबाद 211 001, उत्तर प्रदेश
महात्मा गांधी अन्तरराष्ट्रीय हिन्दी विश्वविद्यालय, वर्धा 442 001, महाराष्ट्र
सुल्तानिया रोड, मोतिया पार्क, भोपाल 462 001, मध्य प्रदेश
www.vaniprakashan.com
marketing@vaniprakashan.in
sales@vaniprakashan.in

PREM KE VIBHINN RANG
by Anju Ranjan

ISBN : 978-93-89563-51-1
Poetry Collection

प्रथम संस्करण 2020

मूल्य : ₹ 299

सिटी प्रेस, दिल्ली-110 095 में मुद्रित

वाणी प्रकाशन का लोगो मक़बूल फ़िदा हुसेन की कूची से

प्रस्तावना

रूमानियत मनुष्य को एक अनोखी और निराली यात्रा करवाती है। मासूम और नाज़ुक ख़यालों की सीपी में जीवन की कई अमूल्य धरोहर सुरक्षित रहती हैं। यह केवल अपने तक सीमित हो तो वह निजी अनुभूति के रूप में किसी कोने में रहती है और यादों की खिड़कियों से उसके एहसास जीवन को यदाकदा सराबोर कर देते हैं। लेकिन इसमें समय, समाज और संसार का सन्दर्भ आता है तब रचना अपने समकाल पर न्योछावर हो जाती है। बदलते समय और समाज को रचना झकझोरती है। अंजु रंजन की कई रचनाएँ ऊपर से रोमानी दुनिया की एक झलक दिखाती हैं, पर ग़ौर से देखने पर समयगत सच्चाइयों का एक लम्बा पुलिन्दा सामने सिलसिलेवार रूप में खुलता चला जाता है।

अंजु रंजन भारतीय विदेश सेवा की वरिष्ठ अधिकारी हैं। वर्तमान में कौंसल जनरल के पद पर पदस्थापित हैं। हिन्दी इनकी मातृभाषा है और हिन्दी साहित्य संघ लोकसेवा आयोग की परीक्षा में एक प्रमुख विषय भी था। पश्चिमी सभ्यता की चकाचौंध, अंग्रेजियत और भागमभाग वाली ज़िन्दगी में हिन्दी में लिखना उनके लिए ख़ुद से ख़ुद को खोज निकालना है। जैसे दिनभर की भागदौड़ के बाद शाम को लोग अपने घर में सुकून पाते हैं, कवयित्री हिन्दी में लिखकर वैसा ही सुकून पाती हैं। यही कारण है, कि विदेश में भी वह बार–बार अपने गाँव व अपने देश को खींच लाती हैं। यह कविता संग्रह 'प्रेम के विभिन्न रंग' इनके व्यक्तित्व के रूमानी पहलू को उजागर करता है।

कवयित्री ने जीवन के तमाम पहलुओं, आयामों, सन्दर्भों, क्षणों और विविध समयों को कविता में समेटा है। बचपन और किशोरावस्था से युवा होने के दौर में भीतर–बाहर के परिवर्तनों को व्यक्ति सहज और बेमालूम पार कर लेता है। बचपन संस्कारों और भावुकता की पोटली पीठ पर जतन से रखकर युवा मन की दहलीज़ और लुभावनी संवेदना प्रेम शब्द से धड़कने लगती है। दुनिया भर की भाषाओं में इस स्पन्दन को बहुत सूक्ष्मता से शब्दों में ढाला गया है। पीढ़ियाँ बदल जायें, गुज़र जायें, पर ऐसे शब्दों की ख़ुशबू कभी काम नहीं होती। स्कॉटलैंड के राष्ट्रकवि बर्न्स ने अपनी केवल सैंतालीस वर्ष की उम्र में मानवीय जीवन के तमाम पहलुओं को कविताओं के माध्यम से अमर कर दिया है। उसी देश में रहते हुए दूर–दूर हरी चादर से लिपटी धरती को मीडोज़ के रूप में अंजु रंजन जब निहारती हैं, तब उनका अतीत ख़ूब उभरता है।

अंजु रंजन निरन्तर सृजनरत हैं। लगभग रोज़ कविता उनके समय में दस्तक देती है। संवेदनाओं की धड़कन जितनी नियमित होती है, रचना का समय रोज़ दस्तक देता है। ज़िम्मेदारियों का बोझ, प्रशासन की ज़रूरतें, मातृभूमि के प्रति समर्पण, रिश्ते, दुनियादारी के कोलाहल से किसी तरह बाहर निकलकर कविता तक पहुँचना वैसे तो आसान नहीं होता, पर भीतरी भगदड़, उलझन, दबाव और असमंजस जैसे धुँधभरे समय के बीच का सान्निध्य, बहुत सुकून देता है।

इस कविता संग्रह से एक कविता इस प्रकार है :

मध्य रात्रि में जग रही हूँ
शायद तुम भी जग रहे होगे
मेरी नींद और भाग्य दोनों सो रहे हैं
...अच्छा, झरबेरी के बेर पक गये होंगे,
पिछली बार मेरी चुन्नी
झरबेरी में छूट गयी थी
और अगली बार वो

हमारा जीपीएस बन गया था
और वो साल के जंगल
जहाँ क्लिप से तुमने पेड़ों पर मेरा नाम
लिखा था
कहा था, जब यह पेड़ बड़ा होगा तो
हमारा नाम भी फैल जायेगा
ऐसा हुआ नहीं ना?
वो जंगल शायद कट गया!
हमारा नाम भी
उसके साथ
मिट गया।
अब तो हाईवे है वहाँ
और उस पर बड़ी कम्पनियों
के होर्डिंग हैं
पालतू पेड़ भी हैं
जो हमें नहीं पहचानते
हमारी कहानी भी नहीं जानते...।

डॉ. दामोदर खड़से

बी–503–504, हाई लिंक्स
कैलाश जीवन के पास
धायरी, पुणे–411041

अनुक्रम

रोज़ डे

काश, तुम ले आते सोलह गुलाब,
मेरे हर मूड, हरेक जज़्बातों के लिए

इस रोज़ डे पर तुम भेजते मेरे लिए
पीले रंग के गुलाब मेरी ख़ुशियों के लिए
मुझ जैसा जीवनसाथी पाने के लिए
हमारी अमर मित्रता के
प्रतीक की तरह।

तुम ले आते, काश!
श्वेत गुलाब
हमारे प्यार की पवित्रता के लिए,
और तुम्हें हमेशा चाहने के लिए
चन्दा–चकोर की तरह–

काश, तुम भेजते मुझे काले रंग के गुलाब,
हमारे गूढ़तम रहस्य को पचाने के लिए,
उन अनकहे अहसासों के नाम–
काली थरथराती रातों में
जो महकती हैं,

पिघलती साँसों में हमारे दरमियाँ
चन्दन की तरह–

काश, तुम ले आते मेरे प्रिय लाल गुलाब
हमारे प्यार की
शक्ति, सघनता के लिए,
दहकती, महकती,
बहकती, इठलाती, मैं
शरमाकर हो जाती लाल गुलाब
की लाली से एकाकार
तुममें लाल रुधिर की तरह–

काश! तुम ला पाते
मेरे लिए नील–गुलाब की
कलियाँ ताकि उन्हें अपनी
कबरी में खोंस तन जाती तुम पर
नीले आसमान की तरह–
पहली बार उपमा को उलट देते,
हम–जब तुम थाम लेते मुझे,
धरती की तरह।

मेरे षोडशी बने रहने के लिए
तुम साल दर साल;
काश! तुम भेजते सोलह महकते गुलाब,
ताकि मैं राज कर सकती तुम्हारे दिल पर
हमेशा सोलह साल की
अवंगी प्रेमिका की तरह।

क़यामत तक

इन्तज़ार रहेगा तुम्हारा मुझे
क़यामत तक
यक़ीं है कि उस
दिन हम आज़ाद होंगे
सारे नाते–रिश्तेदारों से
घर और परिवारों से–
जो हमेशा कहते हैं कि
हमारे मिलने से क़यामत
आ जायेगी।

हाँ, मुझे इन्तज़ार है उस दिन का
जब हम मिलेंगे बेलौस बेफ़िकर
रात–दिन घूमेंगे बेख़ौफ़ और निडर
उस क़यामत की रात–
मैं सज जाऊँगी लैला की तरह
और तुम बन जाना कैश–
कायनात की सीढ़ियों पर
फिर हम पढ़ेंगे
फातिहा और–
रचेंगे प्रेम गीत।

तुम वही गुलाब का फूल ले आना
जो दुनिया के ख़ौफ़ से मुझे
दे नहीं पाते थे और–
किताब में दाबकर मुझे पहुँचाया था।

क़यामत की रात में,
अबकी बार मैं तुम्हारी गोद में लेटूँगी–
और देखूँगी ईद का चाँद फिर
खोज लूँगी वो ध्रुवतारा
जो मेरी सिसकती रातों का एकमात्र
साक्षी रहा है–
तुम सुनना उससे मेरी विरह की दास्ताँ
हाँ, और मैं पूछूँगी तुम्हारी आपबीती।

आह, मैं करूँगी इन्तज़ार क़यामत तक
मैं मर कर पाऊँ गर तुझे यही मेरा प्राप्य होगा
तुझसे मिलकर ही मेरा जीवन धन्य होगा
अमर हो जाऊँ तुम्हारे प्यार में मरकर
यही मेरा ध्येय होगा क़यामत तक
मुझे तेरा इन्तज़ार होगा क़यामत तक।।

आत्म–पीड़न

मन चाहता है कि तुमसे मिला करूँ
तुझसे ढेर सारे शिकवा और गिला करूँ,
पर करती हूँ संघर्ष ख़ुद से हर पल–
मैं मन के विपरीत खुद को साधती हूँ,
हाँ, मैं आत्म–पीड़न में सुख पाती हूँ।

हर साँसों में तुम्हारा नाम जपती हूँ।
अक्सर रातों को जागती रहती हूँ।
तुम्हारी यादों के अल्बम पलटती हूँ,
तुम्हारी चिट्ठियों को सौ बार पढ़ती हूँ,
पर तुम्हें कभी जवाब नहीं भेजती हूँ,
हाँ, मैं आत्म–पीड़न में सुख पाती हूँ।

तुम्हारे बारे में सारी खोज ख़बर लेती हूँ,
चाँद–तारों में तुम्हारा ही अस्क़ ढूँढ़ती हूँ,
तेरी ही कल्पना में खोयी रहती हूँ,
मुलाक़ात की सूरत निकाला करती हूँ,
पर, तुमसे कभी मिल नहीं पाती हूँ,
क्योंकि, मैं आत्म–पीड़न में सुख पाती हूँ।

काश, तुम किसी टेलीपैथी से जान पाते,
मेरे बेइन्तहा मुहब्बत की थाह नाप पाते,
यूँ ही कभी बिना बताये ही आ पाते,
मेरे विकल प्राण उस दिन चैन पाते,
इस आत्म–पीड़न से हम मुक्त हो पाते,
आह, जान कभी तो हम दोनों एक हो पाते।।

आदि, तुझे प्यार करते–करते

तुझे प्यार करते–करते
प्यार करना सीख लिया मैंने,
तुझे चलना सिखाते–सिखाते
गिर कर सँभालना सीख लिया
तुझे बोलने का अभ्यास कराते–
मैंने तुतलाना सीख लिया।

तेरे लिए कपड़े ख़रीदते वक़्त
ब्राण्ड से मुलायमियत को चुन लिया
तुझे पढ़ाने के लिए सारे प्रयोग किया
ककहरा को गीत की कड़ियों से सी दिया
उँगलियों पर अंकों की कविता लिख दिया
तुझे गान सिखाते–सिखाते मैंने भी
जीवन को गाना सीख लिया।

तुझे नहलाते–नहलाते–
मैंने पानी से दोस्ती कर ली।
और, टब को तालाब मान लिया
तेरी नींद के लिए मैंने लोरियों को
भी दुलराकर तेरी बग़ल में सुला दिया।

तुझे पाकर और तुझमें खोकर
मैं तुम जैसी हो गयी–
तुमको जान ना सकी,
पर, मैंने ख़ुदा को जान लिया।

तुम आओ न

तुम्हारा स्पर्श इतना शीतल
जैसे तपते बुख़ार में ठण्डे पानी की पट्टी
तुम्हारा मेरे प्रति प्यार इतना सहल–
जैसे गाँव के गुड़ की चाय और रोटी
तुम्हारा मुझे देखकर मुस्कुराना जैसे–
उगती धूप और चटकती एक–एक फूल पत्ती।

रुकी रहती हूँ मैं और गुज़रती है, जैसे–
पल प्रति पल रेल की पटरी पर एक सदी,
सुबह से प्रतीक्षा में मैं और झुक जाती है शाम
हम दोनों के बीच बहती रहती है प्यार की नदी।

रात जो है बनी है साक्षी हमारे दरमियाँ
ख़लिश है तन्हाइयों में भी,
रात पूछती है क्यों हैं?
तेरे मेरे बीच ये अनमनी सी दूरियाँ
तुम आओ न मिटाने ये फ़ासले तन–मन के
बादल बन कर बरसो इस प्यासी धरती पर।

इन्तज़ार

तुम्हें चाहती हूँ अनन्त की तरह
तुम्हारे पूरे विस्तार में,
इसलिए तो तुम्हें जाने देती हूँ मैं
हर बार ताकि तुम स्वेच्छा से
लौट कर आ सको
बस मन करता है कि
इंग्लिश चैनल के लाइट पोस्ट पर
एक दीया बाल दूँ
तुम्हारे वापसी के मार्गदर्शन के लिए!
जो बताता रहे तुम्हें कि
मैं इन्तज़ार कर रही हूँ तुम्हारा
युगों से—युगों तक
साक्षी हैं चाँद, तारे, सीगल और
नावों के ऐंकर जो इन्तज़ार करते हैं
तुम्हारे लौट आने का

विदा करती हूँ तुम्हें क्षत्राणी की तरह
कमज़ोर नहीं दिखती तुम्हें
मुस्कुराती रहती हूँ—
क्योंकि प्यार तो कमज़ोर नहीं बनाता हमें

और भी मज़बूत करता है
हमारे रिश्ते को!
मेरा प्राप्य तुम्हारा सान्निध्य नहीं–
बल्कि तुम्हारा प्यार है–
जो मुझे तुमसे मिला
वो जीवनी–शक्ति है
अमृत है
सुधा है
सोमरस है!
और प्यार मिथक नहीं है
मोहताज तो बिल्कुल नहीं है–
शब्दों में उजागर होने के लिए
एक–दूसरे में खोने के लिए।

तुम्हारे जाने के बाद इन्तज़ार करती हूँ
तुम्हारे लौट आने के लिए–
मन–ही–मन प्रार्थना करती हूँ,
शायद इन्तज़ार ही हमारे प्रेम का
स्थायी भाव है!

नेपाली विस्थापित प्रेम

मेरा प्रेम मर रहा था
वह गाँव छोड़कर जा रहा था
मैं सन्तरे के पेड़ के नीचे खड़ी थी
वह बीच–बीच में मुझे ताक रहा था
क्या, अमर प्रेम कहानी सिर्फ़
जूलिएट की ही हो सकती है
क्योंकि, उसे शेक्सपियर ने लिखा?
हमारी नहीं हो सकती क्योंकि,
उसमें वो सब तामझाम नहीं है
जो पढ़ने में रोमांचकारी हों
वे सुन्दर दृश्य नहीं हैं, इसलिए?

प्रासाद नहीं एक किराये का घर है
जिसमें ऐस्बेस्टॉस छत का बरामदा है
इसलिए तुमने नहीं लिखी हमारी
प्रेम कहानी?
किन्तु, मैंने इसे अमर बनाया है
उसे अपने हृदय में बसाया है
ताउम्र, यह हिमालय और सन्तोला का
यह झुरमुट पेड़

छोटी पंसारी की दुकान
और फुटबॉल का ये मैदान
गाँव के बाहर ये देवीथान
सब अमर हो गये हैं

मेरे प्रेम की साक्षी हो कर और,
सिर्फ़ लिखी हुई कहानी ही अमर नहीं होती–
उत्कट प्रेम कहानी तो कभी लिखी ही नहीं जाती।

वर्जना

मेरे सोचने पर भी पाबन्दी है
तुमसे प्रेम करने की
क्योंकि सामाजिक परम्पराओं
के ख़िलाफ़ है मेरा
तुम्हें चाहना–
तुम्हें पाने की कामना रखना–
मेरे विवाहित होने की ये सज़ा है
या फिर भारत में मध्य वर्गीय
औरतो की ये परिणति है
कि वे पति के अलावा
किसी से प्रेम ना करें–
ईश्वर से भी नहीं, क्योंकि
'पति ही परमेश्वर है।'

ऐसे में तुम्हें चाहना
तुम्हारी कामना करना–
छिन्न–भिन्न करता है–
सामाजिक मापदण्डों को,
झकझोरता है मुझे और
मर्यादित कर्मकाण्डों को–

मेरा आचरण फ़िट नहीं बैठता–
तुम्हारे बनाये फ़्रेम में भी
हीन बनाता है मुझे व्यक्ति
और औरत के तौर पर भी।।
पर यह जान लो,

मेरे शरीर का उपयोग हुआ है
आत्मा तो अनछुई है,
और सच्चा प्रेम
देह सत्ता की मुहताज नहीं
यह एहसासों के फूल की मानिन्द
महकती है तेरे–मेरे बीच में
पाटकर सभी दूरियाँ–
उम्र, भाषा, वर्ग व जाति की
बड़ी मजबूरियाँ–
हाँ करती हूँ तुमसे प्रेम
तमाम पाबन्दियों के साथ भी
बाद भी मैं तुमसे प्रेम करती हूँ।।

वे दिन

कभी कितना आसान हुआ करता था
पल–पल तुम्हें प्यार करना
प्यार का इज़हार करना
जब चाहे–लव यू–मिस यू बोलना
कितना अच्छा लगता था
तुम्हारी बाँहों में झूला झूलते हुए चलना
कितने सच्चे लगते थे वे वादे रात और दिन
रातों में जागना और दिन में रात के सपने बुनना
कितना पास सा लगता था!

मेरी गेसुओं को तेरा धीरे–से सहलाना
तेरा रुक–रुक कर बहकना–
और मेरा हौले–हौले महकना–
एक ही चाय को बारी–बारी से पीना–
रात–रात भर फ़ोन पर बतियाना–
मेरी खनकती हँसी और तेरी आँखों का मौन हँसना–
कितना पास–सा लगता था!

कभी सब कुछ कितना पास हुआ करता था,
तुम्हारा क़रीब आना और आँखों ही आँखों

से बुलावा भेज देना,
और मेरा उमड़ती हुई नदी जैसा तुझे
प्यार की बाढ़ में बहा ले जाना
सारे सपने कितने सच थे तब
सब कुछ कितना पास–सा लगता था!

दूसरी

तुम कहो या ना कहो
पर वो एक दूसरी जिससे
तुमने मूक समर्पण किया था
अपनी आँखों में।
जिसके सपनों
को रात भर जिया था
वो दूसरी मैं ही तो हूँ।

तुम्हारी आन्तरिक चाहत–
तुम्हारी अधूरी कहानी–
जिसे दुनिया जान ना सकी–
वो गोपन आवारा मन की कल्पना
वो आँसू भरे कजरारे काले नैना
उन आँखों में वो भोर का सपना
वो अनाम–सा अनजाना–सा बन्धन
वो मैं ही तो हूँ।

तुम्हारी प्रेरणा का स्रोत
कामयाबी की सीढ़ी पर
ठेलने वाली वो औरत

सम्पूर्णता के एहसास की ज्योति,
जीवन प्राण से ओतप्रोत,
वो और कोई नहीं–
वो दूसरी मैं ही तो हूँ

सफलता के सोपान चढ़ते
कोयले से युग तक हीरा बनते
समय की कसौटी पे खरा उतरते
हमेशा तुम्हारी मंगल कामना करते
मन वचन कर्म से तुम्हारी कामना करते
और कोई नहीं, मैं ही तो हूँ!

तुम्हारा अहसास

गुलदान के फुलों में,
बाक़ी नहीं है महक तुम्हारी,
तुम्हारे कपड़ों की अलमारी
से आती है खुशबू तुम्हारी।
बैठती हूँ जब उस मुड़े हुए कुशन पर
जिस पर तुम टेककर बैठते थे
उन सलवटों को ठीक नहीं करती मैं
तेरी बाँहों के निशाँ याद दिलाते हैं
हमारे फुरसत के पल छिन–
अहसास दिलाते हैं कि
अभी भी हो मौजूद
मेरे वजूद में कहीं तुम।

पोंछती हूँ देह अपनी
तेरे भीगे तौलिए से–
तब तेरा स्पर्श ताज़ा हो उठता है
और नयी व पवित्र हो जाती हूँ मैं
तुम्हारे छुवन और गन्ध से नहाकर।
किन–किन उपादानो में मिलती हूँ तुमसे
तुम्हारे चले जाने के बाद,

तुम बाक़ी रह जाते हो मुझमें
मेरे घर के हर कोने में!
मेरी यादों में किस–किस तरह
से शामिल हो जाते हो तुम।

वह मीडोज़ का बेंच जहाँ हम अक्सर
ठिठक जाते थे और तुम जल्दी से
बैठ जाते थे–
उस बेंच को अब सहलाती हैं मेरी गीली
आँखें और महसूस करती हूँ कि तुम यहीं कहीं हो
किस–किस तरह से अपनी मौजूदगी
का अहसास दिलाते हो तुम!

विदाई

तेरे जाने की बात सुनकर लगता है
मैं रो पड़ूँगी तुम्हारे गले लगकर
निस्पन्द हो जाऊँगी!
मूर्च्छित होकर तेरी बाँहों में झूल जाऊँगी!
मेरे आँसू भिंगोएँगे तेरे कन्धों को
तब तुम अपने रुमाल से मेरा
आँसू पोंछोगे,
चेहरे से चेहरा सटाकर,
आँख से आँख मिलाकर—
फिर आने की बात कहोगे।
मिलने की सान्त्वना दोगे!
अपने बैक्पैक को उतारकर,
मेरे बालों को सहलाकर,
मेरा माथा हौले से चूम लोगे।
और मैं विदाई वाली गीली
मुस्कराहट से तुम्हें
चुपके—चुपके तिरछी नज़रों से देखूँगी।

मेरी सिसकियों से तुम्हारे
क़दम ठिठक जायेंगे,

पलकों में नमी उतर जायेगी,
फिर वापस मुड़कर
तुम दो पल खड़े रहोगे–
मेरा हाथ थामकर।

उन कमज़ोर, नाज़ुक पलों को
प्यार के भरोसे पार कर लेंगे हम दोनो–
पर ऐसा नहीं होता है कभी–
विदाई के गरिमायुक्त मुहूर्त
बाधित हो जाते हैं अनाउन्सर की
कर्कश आवाज़ों से और ट्रेन के
सिग्नल की आपाधापी में।
तुम सँभालते हो टिकट,
सामान उठाते–पटकते–रखते हो।
मुझे डाँटकर ट्रेन के बाहर उतरने को कहते हो
तुम चाहते हो कि मैं जल्दी वापस चली जाऊँ–
ताकि, पार्किंग के पैसे बच जायें, और
शायद तुम इत्मिनान से चाय पियो!

मैं सिर झुकाये चुपचाप चली जाती हूँ।
विदाई की वेला तिरस्कृत–सी रोती है,
और मैं उदास खोयी–खोयी सी 'वेवेरली'
स्टेशन को कार से निहारती हूँ, जहाँ
लिखा है–'विश्व का एकमात्र स्टेशन जो कि
एक प्रेम–कथानक के उपन्यास पर नामित है'!!

तेरे जाने के बाद

तेरे जाने के बाद
यूँ लगता है शहर की जान चली गयी है
बहारों के मौसम में जैसे ख़िजा
यूँ चुपके से चली आयी है,
जिन राहों में बिछे थे सितारे
और चाँद हँसता था बादलों के बीच से,
सितारे बन गये हैं नुकीले कंकड़
और चाँद तो कब का मर चुका है
चाँदनी भी अब बरसाती है आग,
गलियाँ बन गयी हैं धूल–धूसरित,
तुम्हारे जाने के बाद।

पूछते हैं पेड़ों के क़तार कि,
कब बैठेंगे हम इनकी छाया में
चिनारों के लाल सुर्ख़ पत्ते
कराहते हैं मेरे पैरों तले,
पर आह नहीं भरते कभी
बस धीरे–से चूम लेते हैं
मेरे पैरों को और–
हवाएँ सहला जाती हैं

मेरे खुले केशों को
गालों को छूती हैं तुम्हारी तरह–
मैं चौंक–चौंक उठती हूँ
तुम्हारे जाने के बाद।

आधी रातों को,
सब कुछ शान्त निस्तब्ध है
बस, हु हु कर चलती हैं हवाएँ
पत्ते झड़कर उड़ते हैं
दिशाहीन, लक्ष्यहीन,
सिसक रही है रात मौन
ओस टप–टप चुआते हुए,
सिर्फ़ झिंगुर रो रहे हैं सशब्द
मेरे साथ–साथ,
तेरे जाने के बाद।

तुम्हारे जाने के बाद
रजनीगन्धा और रातरानी
आशाभरे नयनों से ताक़ते हैं हमें
पर मैं उन्हें शामिल नहीं करती
अपने दुख में, क्योंकि
तुम्हें याद करने का हक़
सिर्फ़ मेरा है–
फूलों को तो महकने दो
रात को भी बहकने दो
और मेरे आँसुओं को यूँ ही बहने दो
तेरे जाने के बाद।

अधखुली आँखें मेरी

अधखुली आँखें मेरी
सोते हुए भी सोती नहीं,
तकती हैं राहें तेरी
अँधेरी रातों को भी
देखती हैं दिवा–स्वप्न सी,
निन्द्रिल, तन्द्रिल आँखें मेरी
अपलक निहारती तेरी
तस्वीर को कोर्निश पर
जो मुस्कराती है
अनवरत,
अविचल,
निश्छल,
मेरी बेचारगी पर अनायास।

अधखुली आँखें मेरी
टेबललैम्प के छोटे वृत्त में
पढ़ती हैं तेरी पुरानी चिट्ठियाँ
मूचड़ी हुई,
तुड़ी–मुड़ी चिन्दियाँ
जोड़ती हैं कई कोणों से

बार–बार लगाती हैं
तेरे आने की राहों के क़यास!

अधखुली आँखें मेरी
बरसती हैं चुपचाप

भीगता है मन मेरा
पिघलने से कई मोती
आ जाते हैं यादों का सैलाब
ये आँसू बढ़ा जाते हैं
तेरे इन्तज़ार की क़ीमत।
निश्चिन्त–
गढ़ जाते हैं कई
महाकाव्य
अनछुए
कोरे काग़ज़ों पर
तेरे नाम की
बिना कहे लिखती हैं
मेरी अधखुली आँखें
तेरे–मेरे प्यार का इतिहास।

तुम्हें पाने के लिए

तुम्हें पाने के लिए
तुममें समाने के लिए
और कितनी तपस्या करनी पड़ेगी?
कितनी रातों को जागना होगा?
कितने ख़्वाब बुनना होगा?
कितनी दूरियों को पाटना होगा?

तुम्हें पाने के लिए–
किस–किससे लड़ना होगा?
दिल का राज खोलना होगा!
चुप्पी को भी बोलना होगा।
'ईगो' को तोड़ना होगा?

तुम्हें पाने के लिए–
कितने बहाने बनाने होंगे?
कितने क़िस्से गढ़ने होंगे?
कितने तारे गिनने होंगे?
क्या पुनर्जन्म लेना होगा?

तुम्हें पाने के लिए–

शायद उम्र को बीतना होगा
अस्तित्व को भी मिटना होगा
चाँद को भी गिरना होगा–
क्षितिज को उठना होगा!

तुम्हें पाने के लिए
मुझे नदी बनना होगा
तुम्हें भी पिघलना होगा
समन्दर को सूखना होगा
समय को रुकना होगा
तुम्हें पाने के लिए
तुममें समाने के लिए, शायद
क़यामत को आना होगा!!

तुझसे प्यार करके

मैं दुनिया से रुसवा हो गयी
तेरे साथ रहकर
मैं रब से रूबरू हो गयी
तुझे शामिल कर लिया
ज़िन्दगी के कैनवास में
ज़िन्दगी को रंग कर तेरे रंग में
बहारों से रुबरू हो गयी।

तुमसे मिलने की सोचकर,
आँखों में खिलते है सूरजमुखी–
कानों में लाल बुरुंश के झुमके
बालों में खोंसकर नीले उत्पल
गले में हार महकती चम्पाकली
हाँ, मिलूँगी तुमसे मैं,
फूलों की घाटी का
लैंडस्केप बनकर
तुम, पूरी तरह समा जाना
बनकर मधुप और–
बना देना मुझे मधुरिमा इन वादियों का।

तुमसे बातें करके–
तुमसे चाह लिए जाने पर
हो जाती हूँ मैं नयी–नवेली
हर बार दुल्हन की तरह
इन्तज़ार करती हूँ तुम्हारा
धड़कती हूँ तुम्हारे
हर पदचापों पर
हर अंग उत्कीर्ण
सुनता है तेरे आने की आहट।

तेरे पायताने घण्टों खड़ी
अपलक निहारती हूँ
तेरे समतल साँसों को
धुँधली रौशनी में
देवशिशु से निष्कपट
तेरे चेहरे में ढूँढ़ती हूँ
अपना प्यार,
यूँ ही खड़ी करूँगी मैं
तेरे बुलावे का इन्तज़ार
अनन्त काल तक।

मासूम मैं

मासूम थी मैं,
तभी तो तुमसे प्यार किया
कभी ना अपेक्षा की कि
तुम भी चाहो मुझे, बस
एकतरफ़ा प्यार किया।
पता चला जब तुम्हारी
कमियों के बारे में
तब भी तुमसे प्यार किया,
मासूम थी मैं,
तभी तो बिना शर्त तुमसे प्यार किया।
एक लौ सी जलती है
मेरी आँखों में–
मेरे दिल में हर पल
हरदम मेरे दीये की तरह
जलकर तुम्हें प्यार किया–
तेरी अदाओं से,
तेरी सदाओं से,
ऐकान्तिक चाहनाओं से
हरदम तुम्हें प्यार किया।

दिन–रात साँझ ढले
मेरे प्रेम के छाँव तले
तूफ़ान हो या ज़लज़ले
हर दिन, हर मौसम में
तुमसे प्यार किया
मासूम थी मैं
तभी तो तेरी बेवफ़ाइयों से
भी प्यार किया!!

'सेनिटोरियम से'

तेरे जाने के बाद
यूँ लगा था कि,
मैं बर्बाद हो जाऊँगी,
तेरे बिना जी नहीं पाऊँगी।
पर ऐसा कुछ भी नहीं हुआ,
मैंने ज़िन्दगी को भरपूर जिया।
और सारे रिश्तों को बख़ूबी निभाया।
होली दिवाली त्योहार भी मनाया।
मैं कभी हँसी भी और उदास भी हुई,
कभी धूप तो ज़िन्दगी में बरसात भी हुई।

पर, ना जाने क्यों जी में एक ख़लिश–सी है
एक शून्य जो बड़ा बनता जाता है,
और तन्हाई में मुझे अक्सर डराता है।
तुझे खोजती हैं निगाहें उन अँधेरों में
तुम नहीं तेरा साया भी नहीं नज़र आता है।
रौशनी की एक किरण भी नहीं फूटती।
रात, यूँ ही बीतती चली जाती है,
पर मेरे मन के शून्य में भटकन कम नहीं होती।

सुबह भी फीकी बेस्वाद सी आती है
ख़ासकर, उन कोहरे भरे दिनों में
एक अजीब–सी उदासी छायी रहती है,
जैसे मेरे मन का सूनापन हर ओर
उतरता फैलता चला जाता है।

दिन महीने साल यूँ ही गुज़रते चले जाते हैं।
मेरी उम्र शरीर और आत्मा घिसटते चले जाते हैं।
काले भूरे बादल शून्य से उतरते चले आते हैं
सेनिटोरियम के खिड़की पर सर पटकते हैं
मानो, मुझे मूक आमन्त्रण पत्र थमाते हैं
मुझे तो बस ये आमन्त्रण स्वीकार करना है
एक दिन इन्हीं बादलों में समा जाना है
शून्य से शून्य की यात्रा पथ पर चली जाती हूँ
तुम शायद कभी मिलें इन राहों में,
इसी उम्मीद में बादलों के घेरों में तुम्हें ढूँढ़ती हूँ।

ऐसिड अटैक और प्रेम

ऊपर सरकने दो चाँद को
धीरे–धीरे–
ठीक मेरे चेहरे के ऊपर
चाँद को ठहर जाने दो–
चाँदनी तू लगा शीतल
लेप मेरे चेहरे को
जगमगा दो मेरे चेहरे को–
छुप जाने दो
ऐसिड अटैक की
विकृति,
सँवलाये चेहरे की झुर्रियाँ
बस सौन्दर्य का श्वेत सागर लहराये।

चाँदनी तू लगा एक सेफ्टी लैंस
मेरे चेहरे पर ताकि
मिट जायें घावों के निशाँ
पीड़ाओं के चिह्न
उम्र की दर्ज की गयी
रेखाएँ–
वो लाफ़्टर लाइन,

वो सिकुड़ीं भवें,
सब कमियाँ छुप जाने दो
सफ़ेद चाँदनी के चादर तले।

बस, इस मुहूर्त में
बन जाने दो मुझे संसार
की सबसे सुन्दर लड़की
ताकि जब वो देखे
मेरी आँखों में जुगनू झाँके
मेरी लटों से फुलेल
और इतर की ख़ुशबू आये।

जब वो झुके मेरी ओर
इन्द्रधनुष की तरह
आस्माँ रंगीन होकर झुक जाये
मेरे चेहरे में चाँद
और चाँद में उसे
मेरा कोमल चेहरा नज़र आये।

जब वो छुए मुझे
चाहत की चाँदनी चादर सरसराये
रेशमी स्पर्श मुझे
परिन्दों के पंखों–सा सहलाये
चाँद तुम साक्षी रहना
मिलन के मुहूर्त गढ़ना
तब तक, जब तक कि–
ये चाँदनी रात ढल ना जाये।

किस–किस तरह से प्यार करती हूँ तुमसे

कहाँ–कहाँ नहीं ढूँढ़ती हूँ मैं तुमको
अलमारियों में टँगी क़मीज़ों में
खोजती फिरती, सूँघकर उन्हें
तुम्हारे गन्ध को ढूँढ़ती, पीछा करती,
मदमाती कस्तूरी मृग–सी घूमती हूँ।

तुम्हारे देह पोंछे हुए भीगे तौलिए
से अपने बाल सुखाती हूँ,
इस बहाने पा लेती हूँ तुम्हारा स्पर्श
और मैं सिहर–सिहर जाती हूँ।

तुम्हारे गन्दे कपड़ों को जतन से
सहेजती हूँ–उन्हें धो–सुखाकर
अटेची में तहाने से पहले एक बार सीने
से लगाकर महसूसना चाहती हूँ
मानो तुमने ही गले लगाया हो मुझे।

रात को गुलमोहर जलता है
अमलताश आग उगलता है

तब तुम्हारे होंठों के शीतल स्पर्श
की याद कर जी उठती हूँ मैं
हरी डूब कुचलती है पैरों तले
मेहँदी पिसती है सिसकती है
लहठी की सुहागिन चूड़ियों की छनक

याद दिला देती है वह मद्धिम–सी
रौशनी में तुम्हारा–मेरा प्रथम मिलन
और मैं शरमाकर छुई–मुई सी
पुनः नयी दुल्हन की तरह इन्तज़ार करती हूँ
तुम्हारे आहट की
हाँ, तुम्हें बहुत प्यार करती हूँ, मैं।

फ़ासले

कितने फ़ासले हैं तेरे–मेरे दरमियाँ
एक छोर पर तुम हो और
सात समुन्दर पार मैं
'ऐंड्रॉड' और 'ऐपल' फ़ोन भी हैं
'स्काइप' और 'फेसटाइम' भी है
पर पाट नहीं पाती ये दूरियाँ
तुझे छूने को अकुलाती हैं उँगलियाँ,
आँखें तरस गयीं तेरी राह ताक़ते
फिर भी मिलने की सूरत कोई नहीं है
सिर्फ़ तन्हाई है और हैं ये दूरियाँ
जो फैली हैं तेरे–मेरे दरमियाँ

तुम जवान और मैं चला ढलान की ओर
तुम गुम हो ज़िन्दगी की रंगीनियों में,
और इधर बेरंग हो रहे हैं मेरे केश
छँट रहा है ज़िन्दगी का मेला
चलता जाता हूँ मैं अकेला।
तुम खड़ी हो उत्सवी कॉरोनेशन में
शायद मुझे याद करके,
थोड़ी देर उदास हो जाती हो तुम

पर हम दोनो जानते हैं
उम्र का फ़ासला
जो फैला है तेरे–मेरे दरमियाँ

तुम वन्य–प्रकृति–कन्या हो और
मैं शहर का अमीर
तुम हिरनी–सी कुलाँचे मारती
मैं ज्ञानी धीर गम्भीर
तू ग्राम्य बसन्ती हवा
मैं पंखे का कृत्रिम समीर
तुम अकिंचन साधनहीन दीन
मैं धनाढ्य पुत्र कुबेर अमीर
तुम पली हो निश्छल निर्मल
मैं घोर अभिजात बलबीर
कैसे सम्भव है ये युति
यह वर्ग का फ़ासला
फैला है तेरे–मेरे दरमियाँ

मैं चाहकर भी समर्पित नहीं कर पाती
तुम्हारे चरणों में हे देव
काश तुम थाम लेते आगे बढ़कर मुझे
तेरी अदम्य चाहना मिटा देती
ये रूप का फ़ासला
जो फैला है तेरे–मेरे दरमियाँ

तुम ज्ञान सागर अप्रतिम हो
मैं अज्ञानी मूढ़ वज्रमूर्खा
मानती हूँ भाग्यशाली स्वयं को मैं

जो तुम्हारे सान्निध्य से पा
लिया थोड़ा–सा ज्ञान कनिका

डरती हूँ, कहीं तुम मेरा
जान ना लो छिछलापन
मेरा उथलापन उघड़ ना जाये तेरे आगे
इसलिए रहने दो ये दूरियाँ
जो फैला है तेरे–मेरे दरमियाँ

तुम हो सम्मानित समाज के सिरमौर
और मैं फटीचर निम्न वर्ग से
जहाँ कभी–कभी होते हैं चमत्कार
विरले ही 'वाइट टाइगर' लेते हैं अवतार
कैसे पर पाओगे इस स्टेटस के भोकालों से
छोड़ो, रहने दो इतनी माथापच्ची बार–बार
हमारा मिलन मोहताज नहीं है उस समाज का
इन नियमों का और रिवाजों का
जो नहीं पाट पायेंगी ये दूरियाँ
फ़ासले तेरे–मेरे दरमियाँ

इस दिल का क्या करूँ मैं
जो मानता नहीं है कोई फ़ासला
ना उम्र, ना रूप, ना ज्ञान, ना स्टेटस
समाज ना परिवार
जो सिमट जाना चाहता है तुममें
ख़ुद को मिटाकर वजूद पाना चाहता है तुममें
मिलता है ये दिल तुझसे ख़्वाबों में ही सही
मिटा देती है ये दूरियाँ
जो फैला है तेरे–मेरे दरमियाँ।

प्रेम का महाकाव्य

जब मैं बरामदे में खड़ी थी
उसे अन्तिम विदाई देने
शब्द मौन हो गये थे
संवेदनाएँ शून्य
आँसू सूख गये थे
महाकवि, तुम कहाँ थे?
मेरी भावनाओं की
कविता प्रवाहित करते
कुछ तो मुझे सान्त्वना देते
उस बोझिल मौन को तोड़ते
दो बोल तो बोल देते
मुझे कोई सद्बुद्धि तो सुझाते
मेरे अन्तर्मन के घावों को सहलाते
कुछ तो वादा करने को तो कहते

अब भी संवेदना शून्य पड़ी हूँ
अब भी भावहीन वहीं खड़ी हूँ
अब तक आँसुओं की लड़ी हूँ
बरसती हुई सावन की झड़ी हूँ
खोयी हुई प्रेम की वही कड़ी हूँ

आ जाओ महाकवि,
सृजन करो एक और शकुन्तला की
या भर दो मुझमें विद्या कवित कला की
लिख सकूँ उस चरम दुख की कहानी

बने जो अमर महाकाव्य सबकी ज़ुबानी।

तुम आओ न

तुम्हारा स्पर्श इतना शीतल
जैसे तपते बुख़ार में ठण्डे पानी की पट्टी
तुम्हारा मेरे प्रति प्यार इतना सहल
जैसे गाँव के गुड़ की चाय और रोटी
तुम्हारा मुझे देखकर मुस्कुराना जैसे
उगती धूप और चटकती एक–एक फूल पत्ती।

रुकी रहती हूँ मैं और गुज़रती है, जैसे
पल प्रति पल रेल की पटरी पर एक सदी
सुबह से प्रतीक्षा में मैं और झुक जाती है शाम
हम दोनों के बीच बहती रहती है प्यार की नदी।

रात जो है बनी है साक्षी हमारे दरमियाँ
ख़लिश है तन्हाइयों में भी,
रात पूछती है–क्यों है?
तेरे–मेरे बीच ये अनमनी–सी दूरियाँ
तुम आओ न मिटाने ये फ़ासले तन–मन के
बादल बन कर बरसो इस प्यासी धरती पर।

मौन मुखर रातें

जैसे रात की रानी का खिलना
और महक उठना घर आँगन का
वैसे तेरी मिलन की ख़ुशबू
तेरा धीरे–से मुस्कुराना,
हमारा ज़ोर से खिलखिलाना
जैसे फुलझड़ियों का जलना
अक्सर ही,
आँखों का आँखों को ढूँढ़ लेना
फिर वह गोपन संवाद
कितनी मौन पर मुखर
अब तक है याद
जाड़ों की उजली धूप जैसी
तेरा स्पर्श
तुमसे मिलने को छुप छुपकर
पर्दों से झाँकना मुझे
अब भी है याद
वो तिरछी चितवन से
तेरा देखना और मुस्कुराना
अब भी है याद

आधी रातों में
तेरे पायताने खड़े होकर
तुम्हें सोते हुए देखना
कितना बड़ा सुख
मेरा तेरी ओर झुकना
और फिर हौले से
हाथ थामकर
तुम्हारा वह मौन आमन्त्रण
अब भी है याद।
तुमसे मिलने की बेक़रारी
का वो क़रार
नोक झोंक और वो प्यारी–
सी तक़रार
वो दिन महीने और साल
छूटे गये वो पल छिन
जिन्हें हमने पाया और खोया
हमारा साझा दर्द और ख़ुशियाँ
रिश्तों की लानतें मलानतें
जमाने की रुसवाइया
कुछ नहीं भूली मैं
सब कुछ अब तक है याद।

ज़िन्दगी बन गये हो तुम

तुम्हारी एक मुस्कुराहट ही काफ़ी है
मुझे जिला देने
के लिए
तुम्हारी समतल साँसों का अहसास
ही बहुत है
मुझे सुलाने के लिए
तुम्हारी बेकद्री ही वजह होगी
मुझे मर जाने के लिए
तुम्हें नहीं पता कि तुम मेरे लिए
क्या बन गये हो तुम
मेरी ज़िन्दगी
की हर वजह
राह और मंज़िल बन गये हो तुम।

सुबह से शाम तक
काम करती हूँ एक दिवास्वप्न में डूबी–सी
तुम्हारे नशे में चलती हूँ
मुझ तक पहुँचने की

ख़ुद से ख़ुद को पाने की
कड़ी बन गये हो तुम
सारे गम भूलने और हँसी के पलों की
वजह बन गये हो तुम
मेरी ज़िन्दगी की हर ख़ुशी बन गये हो तुम!

सिर्फ़ तुम

गम हो ख़ुशी हो
आँसू या हँसी
फ़क़ीरी या रईसी
सिर्फ़ तुम ही देते हो
किसी और को कोई लेना–देना नहीं मुझे
तुम ही आस्था के बीज बोते हो
तुम ही कभी अनास्था जगाते हो
और कोई नहीं है
मेरी श्रद्धा–अश्रद्धा का पात्र
मेरे पाप–पुण्य का हिस्सेदार।

सिर्फ़ तुम मेरे बेपनाह मुहब्बत का दावेदार
मुझे पता है तेरे सिवा कोई नहीं
रोयेगा या आहें भरेगा–
मेरी कमी किसी को न खलेगी
सिर्फ़ तुम देखोगे खिड़की से बाहर
दरवाज़े की हरेक आहट पर चौकन्ना
उत्कीर्ण होकर सुनोगे मेरे
आने की पदचाप।

सिर्फ़ तुम
मनाते हो मुझे ग़ुस्से के बाद
साफ़ करते हो दीवाल पर के दाग
जो बने हैं मेरे दाल फेंकने से

सिर्फ़ तुम इन्तज़ार करते हो मेरे वापस लौटने का
चुपचाप बिना बताये
अनखाये–अनछुए खाने के साथ।

सिर्फ़ तुम
देखते हो मुझे सम्पूर्णता में
अहसास नहीं कराते मेरी कमियों का
स्वीकारते हो मुझे मेरी सम्पूर्णता में
अच्छे–बुरे गुण–अवगुणों के साथ
मेरे जाने के बाद तुम खड़े रहते हो
ठिठके हुए दरवाज़े पर
मेरे फिर लौट आने की उम्मीद मे
बत्ती नाहीं बुझाओगे तुम
हाँ, सिर्फ़ तुम।

नदी

बनना चाहती थी
वो नदी
ताकि अच्छे
उपमानों को
ग्रहण कर
बहकर तुम तक
पहुँच सकूँ।
चाहती थी
कि अनगिनत
कमल खिलें
मेरे आँचल में
जिन्हें छूकर
महकती
बल खाती
हरहराती
तेरी गोद में
गिर सकूँ।
डॉल्फ़िन, कछुए
और सैल्मन को

लिये–दिये
नदी जो बहती
है चौड़ी सँकरी
पाटों के बीच
जोड़ती है
गाँव शहर और
देशों को
पर ख़ुद की पहचान
खो देती है
बहकर–
हँसकर–
मिलने को आतुर
अपने प्रीतम
सागर से।
मैं बनना
चाहती थी
तुम्हारी नदी
पर तुम तक
पहुँच ना सकी
और बन गयी
मरुधारा–
मरुहारा–
खो गयी–
सिमट गयी मैं,
तुम तक आते–आते।

वैलेंटाइन डे–आई लव यू

प्रेम में पड़कर
मैं सूर्योदय देखती हूँ
मैं सूर्यास्त देखती हूँ
मैं बरसात में बिना भीगे
पानी पर चलती हूँ।
मैं फूलों से खेलती हूँ
उनकी सुगन्ध महसूसती हूँ
प्रातःकाल कलियों का फूटना
सूरज का क्षितिज पर उगना
और उसके स्वागत में
चिड़ियों का गान सुनती हूँ।

प्रेम में पड़कर
काले बादलों में भी
सूरज की रौशनी ढूँढ़ लेती हूँ
भीड़ की रेल–पेल और शोर में
भी तुम्हारा गुनगुनाना सुनती हूँ।

प्रेम में पड़कर
सात समन्दर पार कर

तुम्हारे देश जाना चाहती हूँ
दिवा–स्वप्न में, तेरे ख़यालों के
हवाई–महल में रहना चाहती हूँ
तुम्हारे प्यार में
चाकू की धार पर

बिना किसी दर्द के सो सकती हूँ
तुम्हारी सारी बलाओं को
अपने सिर डाल सकती हूँ
प्रेम में पड़कर
हवाओं में उड़ सकती हूँ
फ़िज़ाओं में बह सकती हूँ
दुनिया को पीछे छोड़
तुम्हारे साथ कहीं भी जा सकती हूँ
दुनिया का ओर–छोर
पूरब या पश्चिम
उत्तर और दक्षिण
तुम्हारे साथ घूमना चाहती हूँ
प्रेम की शक्ति का अहसास
मुझे तो है तुम्हें भी
प्रेम से रूबरू कराना चाहती हूँ
हीर, जूलियट और लैला
की तरह तुम्हें प्यार करते
इतिहास रचना चाहती हूँ।

गाँव और तुम

मध्य रात्रि में जग रही हूँ
शायद तुम भी जग रहे होगे
मेरी नींद और भाग्य दोनों सो रहे हैं
...अच्छा, झरबेरी के बेर पक गये होंगे,
पिछली बार मेरी चुन्नी
झरबेरी में छूट गयी थी
और अगली बार वो

हमारा जीपीएस बन गया था
और वो साल के जंगल
जहाँ क्लिप से तुमने पेड़ों पर मेरा नाम
लिखा था
कहा था, जब यह पेड़ बड़ा होगा तो
हमारा नाम भी फैल जायेगा
ऐसा हुआ नहीं ना?
वो जंगल शायद कट गया!
हमारा नाम भी
उसके साथ
मिट गया।
अब तो हाईवे है वहाँ

और उस पर बड़ी कम्पनियों
के होर्डिंग हैं
पालतू पेड़ भी हैं
जो हमें नहीं पहचानते
हमारी कहानी भी नहीं जानते... ।

पापा और प्रेम

मैं अगर प्रेम करूँ तो आपकी इज़्जत चली जाती है,
ख़ानदान की नाक कट कर नरक में गिर जाती है
माँ बेहोश हो जाती है और आप ज़ोर से चिल्लाते हैं!
मैं अगर घर से भाग जाऊँ तब तो भूचाल आ जाता है
जो मेरे साथ पूरे घर की इज़्ज़त को उड़ा ले जाता है।
मैं अगर प्रेम–विवाह करूँ तो या तो आप ऑनर किलिंग
करवा देते हैं, या फिर मुझे प्रेमी संग पुलिस पकड़ लेती है
क्योंकि मैं नाबालिग़ हूँ और प्रेम नहीं कर सकती।
पर, भैया अगर किसी लड़की को भगाकर ले जाय
तो आप उसकी जमानत करवाने लग जाते हैं।

जो रक्षा बन्धन के दिन करता है वादे मेरी रक्षा के
वही मेरी इज़्ज़त सरे आम नीलाम कर देता है
मुझे कहते हैं कुलछनी और आपका प्रिय–कुलदीपक
बलात्कार करके भी बचकर निकल आता है।

इस दोहरे मापदण्ड से सभी पापाओ ने अपनी बेटियाँ
असुरक्षित कर दी हैं अपने बेटों से
तभी तो वर्चस्व क़ायम है कायर पुरुषों का
लाठी, बन्दूक़ और तलवार की ज़ोर पर,
पापा, आप भी पुरुष हैं न??

लम्बी दौड़ की तन्हाई

मैं हूँ लम्बी दौड़ का धावक
जिसे लक्ष्य तक पहुँचना है
अकेली दौड़ती जाती हूँ मैं,
किनारे मिलते हैं कई सहकर्मी
प्रतिभागी–प्रतियोगी–प्रतिद्वन्द्वी
दोस्त–रिश्तेदार–प्रेमी–दुश्मन,
कोई भी मेरे साथ नहीं दौड़ता,
बस खड़े रहते हैं वे तालियाँ
बजाते तमाशबीन की तरह–
शामिल नहीं होते वो मेरे दौड़ में
आख़िरी लेग तक पहुँचती हूँ
सिर्फ़ मैं और मेरी तन्हाई–

मिलते हैं कितने पेड़–पौधे, बेंच,
फूलदार छाया जिनका आकर्षण
अदम्य है!
मन करता है–रुक कर सुस्ता ले
पल–दो पल!
पर बहुत दूर जाने की मजबूरी
बनाना चाहती है मुझे स्वार्थी–

भावना–रहित और मैं क्षमा माँग लेती हूँ
पेड़ों से, छायादार राहों से
शुभचिन्तकों से
दौड़ती जाती हूँ लम्बी राहों पर
अपने अकेलेपन के साथ!

पहला प्यार

नाज़ुक–सा पहला प्यार
बसन्त की पहली आम्रबौर
की सुगन्ध की तरह
आश्विन में फूटती धान की बालियाँ,
या, मलयगिरि हवा की बयार
ऐसा था मेरा पहला प्यार।

उम्र की दहलीज़ पर, जब
जब दुनिया थी अजगुत–सी
आँखें चौंधियाई गर्मी की
दोपहर की धूप से
वैसे में अमराई से ज्यों कुहू की पुकार
ऐसा था मेरा पहला प्यार।

रात लगे छोटी और दिन
लग रहे थे पहाड़
काटनी मुश्किल एक–एक पल
तुम्हीं रोग तुम्हीं इलाज
तुम्हें महसूसने के सपने
तुम्हें पाने का ख़्वाब
इतना बड़ा कि रातें

सिकुड़ गयी थीं और हम
मर गये तुम्हें खोकर
बस जोम्बि की तरह
दुनियादारी निपटाते हैं

अब तो ना रहा प्यार।

तुम्हें छुआ नहीं
तुम्हें जाना नहीं
बतियाया नहीं
बस चाहते रहे
दिल में प्यार बेइन्तहा लिए
दुनिया के दाँव–पेंच से
अनजान–
और एक दिन
छिन गया मेरा प्यार
सब कहते हैं–
अच्छा हुआ कि हम मिल ना सके
मेरी प्रतिभा के लिए
बेहतर जीवन के लिए,
पर मैं जानती हूँ, कि
तुम्हें खोकर मैंने कितना अधिक खोया है
और बदले में ज़िन्दगी ने कितना कम दिया है
कोई भी सौदा फ़ायदे का नहीं हो सकता
जो पहले प्यार के बदले किया हो–
और हम तो प्रेमी थे
सौदागर नहीं–
आह, असफल होकर
खो गया मेरा प्यार।

तेरे–मेरे दरमियाँ

इस रिश्ते को क्या नाम दूँ?
इसे दिल में कौन–सा ठाँव दूँ!
जो अचानक उग गया है–
हम दोनों के दरमियाँ।
ज्यों, दो पहाड़ों के बीच खिला–
सुरभित–चटकीला–जंगली फूल कोई,
जहाँ पहुँचना है मुश्किल,
बन रहा है जटिल,
जग से इतर दुश्वारियों का सबब
तेरा–मेरा यह अनाम रिश्ता!

जब मैं ही नहीं समझ पाती
तुम्हारे अदम्य आकर्षण को
तो तुम्हें कैसे बताऊँ
दुनिया को कैसे समझाऊँ
बस एक अनुभूति है
फूली हुई मेहँदी की तरह
जिसे भर लेती हूँ मैं साँसों में
महकते हैं अहसास
मेरे अन्दर खिलाते हैं फूल

अनाम भाव के जिसे दुनिया
और तुम समझ नहीं सकते
आख़िर, हर रिश्ते का कोई नाम
कोई सैंक्टिटी–
कोई फ़ायदा–नुक़सान

सहमति या–
सामाजिक स्वीकृति हो
यह ज़रूरी तो नहीं!

बस इस निर्बन्ध निर्झरनी को
यूँ ही बहने दो
कोई बाँध न बाँधो इस पर
इसे कल–कल कर उतरने दो
मचलते–महकते
खिलखिलाते–
उमड़ते
छलछलाते
गुप्त धारा की तरह
तेरे–मेरे दरमियाँ!

नियति और पति

स्वप्न में मैंने पूछा
'हे प्रभु! बता दो कि–
वह मुझे कब–कब याद करता है?
क्या वह मुझे सचमुच बहुत प्यार करता है?'
भगवान ने कहा–
'हाँ, वह अक्सर तुम्हें याद करता है
जब कोई नहीं उसके आस–पास होता है
तुम उसके अकेलेपन की दवा हो
मधुर यादों की ताज़गी भरी हवा हो
उसकी सारी विलास व सुविधाओं का ख़ज़ाना हो तुम
विदेश–यात्राओं और सुख का परवाना हो तुम!

'पर वह अकेला ही तो बहुत कम होता है
अक्सर, भाई–बहनों से घिरा–रमा होता है
बहुत फ़िक्र करता है अपने परिवार की–
माँ–पिताजी, और दूर के सारे रिश्तेदार की
उनसे मिलने के कई बहाने बनाता है
सुकून से उनके साथ छुट्टी मनाता है
रात में भी उनसे बात किये बिना उसे नींद नहीं आती
बार–बार सबसे फ़ोन और वीडियो चैट करता है।

'उसने तुम्हें मना किया था न कि
विदेश–सेवा का विकल्प न लो !
पर तुम मानी नहीं–
आख़िर जबरदस्त ज़िद्दी जो हो तुम,
किसी की सुनती कहाँ हो?
अब वो तुम्हारे लिए कर ही क्या सकता है–
तुम मेड, नौकरानी, बावर्ची, माँ
ऑफ़िसर बनी हो अपने लिए,
अपने सुख के लिए
अपनी अस्मिता के लिए
अपने स्त्री सशक्तीकरण के लिए–
कैसे यह कीड़ा तुम्हें काट लिया था?
उसने तो तुम्हें एक औरत बनने को कहा था
उसके सपनों की नायिका,
जो लता सी सहारा माँगे, न कि पेड़ की
तरह सहारा बने!
तुम्हें इसलिए तो वह
'बरगद का पेड़' कहता है!
जिसमें वह ख़ुद भी बसेरा ढूँढ़ता है!

'वह अपने माँ–बाप भाई–बहन को–
कैसे बिलखता छोड़ सकता है।
तुझ सी एक बक्की, झक्की औरत को–
कोई कितना याद कर सकता है?
तुम काम करो और मर जाओ
शारीरिक श्रम से–

मानसिक पीड़ा से–
ऑफ़िस की राजनीति से–
बच्चों के लिए भविष्य की
शिक्षा और रणनीति से।
यही तो तुम्हारी नियति है
कामकाजी औरत की परिणति है!!
या, मार डालो उस औरत को,
जो, अक्सर तेरे भीतर रोती है,
आम औरत के छोटे–छोटे सुख के लिए
त्वम् किम्, यथायोग्यम्
तथास्तु
तथास्तु'

तेरे इन्तज़ार में

कितने तारे गिन डाले मैंने
बेसब्र होकर तुम्हें कितना कोसा!
डरकर, कितने फ़ोन खटकाये
आशंकित होकर भगवान से
कितनी मनौतियाँ मान लीं मैंने
तेरे इन्तज़ार में।

कितनी तैयारियाँ दुहरा लीं
फूलों को दुबारा सजा लिया
खाने के ढक्कनों को दुबारा
खोल कर चखा और परखा
तेरी पसन्द की चटनी पीस
रायता भी चट–पट मथ लिया मैंने–
तेरे इन्तज़ार में।

अपने मेक–अप को किया टच–अप
कमरे में छिड़क डाला लैवेंडर
तकियों के खोल भी वह
स्वप्न परी वाला जिसमें
शुभ–रात्रि लिखा था,

पर्दे खींचकर रॉकिंग–चेयर पर
नींद में ऊँघ कर भी
नींद को भगा दिया मैंने
तेरे इन्तज़ार में।

साफ़ बिस्तर बिछा दिये,
हाँ, फ़ैब–इंडिया वाला बेड–कवर
रात आधी बीत चली है
पर इन्तज़ार की घड़ी में
अभी बहुत वक़्त बाक़ी है
बाहर एकदम सन्नाटा है,
मेरे शरीर का एक–एक अवयव
कान बन चुका है, बिछ गयी
हूँ मैं बिस्तर सी तेरी राहों में
तेरे इन्तज़ार में।।

कोई भी तार

मेरे मन को झंकृत नहीं करता
वीणा का नहीं,
वायलिन का नहीं,
सन्तूर व जलतरंग का भी नहीं
गिटार का तो बिल्कुल नहीं,
सुर विहीन स्वर विहीन मन
सिर्फ़ तेरी आवाज़ सुनने को आतुर है।

मेरे मन पर पड़ती है
तबले की थाप की तरह
बाँसुरी की तान की तरह
पानी की बौछारों की तरह
या टपकती ओस की तरह
तेरी आवाज़ से तन—मन
सिहर उठता है।

बस एक बार पुकार लो
मुझे पूजा में अपने बग़ल में बिठा लो
करने दो मंगल कामना
तुम्हारे मेरे जीवन के लिए

जीवन के लिए
संगीत के लिए
सजा दो अपने सुर
सरगम जगा दो

मेरे ह्रदय कर दो
झंकृत मेरे तार।

मुझे छू लो तुम
मेरे मंन को
हाथ को
होंठों को चूम
लो तुम
मेरी आत्मा से बजने दो
राग मालश्री में
सिर्फ़ तुम्हारे लिए
वरना मुझे मौन ही रहने दो।
कुछ भी ना कहने दो
बस सुनने दो
धड़कनों को धड़कन की
आवाज़, मौन निस्पन्द
हाथों में हाथ लेकर
महसूस करने दो
जीवन की रागिनी
बहने दो जीवन सरिता
यूँ ही चुपचाप, निःशब्द।।

मिलन

आज आये हो जो तुम कई दिनों के बाद
आज मिली हैं ख़ुशियाँ हमें मुद्दतों के बाद
आज पैरों में पंख लगे मेरे कई दिनों के बाद
उड़ान भरने को बेताब है मन कई दिनों के बाद।

आज मिली है कामयाबी कई इम्तहानों के बाद
आज मुस्कुरायी है भाग्य की देवी कई दिनों के बाद
गुज़र रहा है वक़्त जल्दी–जल्दी कई मुद्दतों के बाद
बेसब्र इन्तज़ार के पल ख़त्म हुए कई दिनों के बाद।।

रात आयी है हसीन मुरादों वाली कई दिनों के बाद
मन मयूर नाच उठा है मेरा कई दिनों के बाद
बादल बरसकर इन्द्रधनुष खिला है बहुत दिनों के बाद
सूर्य की लाली हुई अरुण स्वर्णिम कई दिनों के बाद।

ऐ ख़ुशी, अब आज मेरे साथ ही ठहरना कई दिनों के बाद
तुझे सुननी होगी मेरी संघर्ष–गाथा कई दिनों के बाद
मंगल वेला में भी कसक रहा है दीन–हीनों की व्यथा क्यों
शंख–घड़ियाल संग विदाई की धुन क्यों कई दिनों के बाद।।

तेरे नाम

फैली है तेरी ख़ुशबू फ़िज़ाओं में
बाक़ी है तेरी महक हवाओं में

बात करने से तेरे महक उठती हूँ
बाक़ी है तेरी महक हवाओं में

तुम हो चन्दन और मैं पत्थर कसौटी का
सर माथे पर है असर तेरी दुआओं का

मैं ना रहती मैं, तेरे साथ जब होती हूँ
ये है क़सूर शोख़ ख़ूबसूरत नज़ारों का

तू मुझमें और मैं तुझमें शामिल है
मालूम है मुझे फ़ितरत ये नशाओं का

ये प्यार भरी बातें ख़त्म ना हों कभी
इन्तज़ार रहता है हरदम तेरी सदाओं का

रात–दिन तेरे ख़यालों में ही जीती हूँ मैं,
तुम ही हो मेरी मन्नत मेरी बहारों का।

यादों में हाथ थामे, चलते हो हमक़दम

प्रेम मौन बहता है समुन्दर की तरह
हम दोनों के बीच
जोड़कर रखता है हमें हरदम।

सात समुन्दर की दूरी होने से क्या
लैम्पपोस्ट की तरह जलती हूँ
तेरे इन्तज़ार में
बहकर आना चाहती हूँ तुम तक
इंग्लिश चैनल की तरह, हाँ
मैं समुन्दर जोड़ना चाहती हूँ
प्रेम के ज्वार–भाटे में
डूबते–उतराते किसी–न–किसी तरह
तुम तक पहुँचना चाहती हूँ।

शायद, मेरा जहाज़ चलेगा
उत्तरी सागर से भू–मध्य सागर तक
फिर प्रशान्त महासागर से होते हुए
छू लेगा हिन्द महासागर के उस छोर को।
तब एक छोटी नाव में बैठकर

पहुँचूँगी तुम तक–
दक्षिणी पवन का झोंका
तेज़ कर देगा मेरे नाव की गति
तुम तट पर खड़े रहना

हाथ हिलाते हुए
दिल थामकर रखना होगा मुझे
कहीं तुम्हें मिलकर ये धड़कना
ना भूल जाय
मेरी धड़कन रुक ना जाय
ये ख़याल रखना
हाँ, मेरे हाथों को हरदम थामे रखना।

तुम और मैं

मैं लेकर चलती हूँ अपने भीतर तुम्हारा दिल
मेरे दिल में धड़कता है तुम्हारा दिल
तुम जब मुझे याद करते हो
मैं धड़क उठती हूँ क्योंकि
मेरे दिल के अन्दर ही तो रहता है तुम्हारा दिल।

चटकती हूँ,
खिलती हूँ तेरे प्यार में
खिलखिलाती है मेहँदी दूर क्यारियों में
रातरानी बौराती है
मालती ख़ुशबू लुटाती है
हरसिंगार बरसाती है सुगन्ध रात भर
तेरा प्यार महकता है कस्तूरी की तरह।

तेरे ज़िक्र भर से हो जाती हूँ मैं
बेला, चम्पा, जूही या चमेली,
कोई भी नाम दे दो फ़रक़ नहीं,
क्योंकि, मैं महकती हूँ तुम्हारे
प्यार के सुगन्ध में।

तुम्हारे स्पर्श मात्र से हो जाती हूँ मैं
लाजवन्ती, छुई–मुई, सूरजमुखी
पिघलते ग्लेशियर की तरह
गलकर बहती हूँ मैं
तुम्हारे प्यार की घाटी में।

तुम्हारी एक प्यार–भरी चितवन से
मैं आँकती हूँ अनगिनत इन्द्रधनुष
सजाती हूँ अनेक ऐप्पन और रंगोली
मन–आँगन में पूरती हूँ कितने
चौक और अल्पना
साथ बैठना चाहती हूँ
तेरे आमोद–प्रमोद में।

तेरा आना ज्यों सूरज की किरण और
खिल जाना अनगिनत फूलों का
प्रभाती गाना नन्ही चिड़ियों का
धीरे–धीरे बहना हवाओं का
और मैं बहक जाती हूँ
तेरी उनींदी आँखों के विनोद में।

काश!!!

काश तुम इतने बेवफ़ा ना होते
और मैं इतनी क्षमाशील ना होती
काश! मैं तेरे गुनाहों को नज़रअन्दाज़ कर पाती
या तुम्हारी बेवफ़ाइयों को बाज़ार में भुना पाती
काश! तुम खोटे सिक्के ना साबित होते
काश! तुम मेरे किसी काम तो आ पाते!

शायद, मैं भी दुनिया की सबसे अमीर औरत बन जाती
काश! मैं तुम्हारी तरह अगर समझौतापरस्त हो पाती!

काश! तुम्हारे क़दमों को मैं वापस लौटा ले सकती
काश! तुम्हें खरी खोटी सुनाकर मैं तुम्हें माफ़ कर पाती
काश! इतिहास से तेरी बेवफ़ाई की तारीख़ मिटा पाती
काश! मेरे अश्क़ तेरे झूठे इश्क़ की इबारत मिटा पाते
काश! सितमगर वक़्त के हाथों हम दोनों जुदा न हो पाते!

काश! मेरे शहर में सहर के पहले तुम पहुँचे होते
तो मेरे जनाज़े के जुलूस में तुम शामिल हो सकते
काश! हम जज़्बाती कम और मजहबी अधिक होते
तो ज़रूर हम भी सल्तनत–ए–इश्क़ में ग़ाफ़िल होते!

चाँद उदास है

फ़लक पर चाँद है उठता सा
मौसम है नींद में ऊँघता सा
अँधेरा भी मानो धुआँ–धुआँ सा
ओस की बूँदें डेफ़ोड़िल पर
माहौल है शर्माया सहमा सा
सिहरकर सिमट रही है चाँदनी
पेड़ों की क़तारों के बीच
रात कुछ–यूँ बना कहकशा सा।
आह, इन्तज़ार आँसुओ में सना सा
मन उड़ा जा रहा कहीं दूर तनहा सा–

पार्क की उसी बेंच पर बैठी हूँ
जहाँ है गरमाहट तुम्हारे साँसों की
बादल उड़ रहे रुआ–रुआ सा
मौसम बुन रहा है अफ़साना सा।
जिस्म व रूह में फ़ासला नहीं रहा
बँध रहा है मिलन का यूँ समाँ सा
तू मुझमें, मैं तुझमें यूँ घुल–मिल जाये
जैसे ख़ुदी में ख़ुदा है रमा हुआ सा।
रात बाक़ी है और फ़लक पर चाँद
उतर रहा है तेज़ी से फिसला हुआ सा।

स्त्री

कितने व्रत कितने तप
किये मैंने तुझे पाने के लिए,
फिर मनौतियाँ और,
पूजा–अर्चना तुझे
पालने के लिए
पीर बाबा पर चादर–
दरगाहों पर मत्था टेकना
सत्ती मैया का
चौरा लीपना,
पेड़ को धागा बाँधना
तेरी सुरक्षा के
लिए दुर्गा–सप्तशती।

शनिवार–मंगल को
हनुमान जी को पूजना,
सोमवार को रुद्राभिषेक
गुरुवार को केले तले
विष्णु भगवान की
पूजा–आराधना,
रविवार को अलोना

उपवास तेरे–रोगहरण और
तुझे निरोग और
स्वस्थ करने के लिए
दीर्घजीवी बनाने के
लिए जितवाहन जितिया
निराहार निर्जल रहकर
कार्तिक में छठ पूजा
ताकि तुम यशस्वी और
तेज़वान बने रहो।

एकादशी, गणेश–चतुर्थी,
नवरात्रि, चौमासा–
कृष्ण जन्माष्टमी,
सन्तोषी माँ व्रत–कथा,
नवरात्रि उपवास,
पूर्णिमा को
सत्यनारायण कथा
तीर्थ–व्रत
कुछ भी ना छोड़ा मैंने,
तेरे लिए करती
रही मंगलकामना,
कष्टसाध्य व्रत से
ख़ुद को साधती रही–
पर उमगती रही मैं
उमड़ती नदी की तरह
तुम्हें सींचने को।

डरती रही मैं–
शापों से
अभिशापों से
साधू–सन्तों,

पाखण्डियों को
भी पूजती रही मैं
ख़ुद को मारकर
तुम्हें जिलाती रही मैं

स्रोतस्विनी बनकर
कभी माँ कभी बहन
तो कभी पत्नी बनकर
तुम्हें माँगती रही मैं
उन मनौतियों में
तुम्हें पाकर ख़ुद को
खोती रही मैं।

प्यार

प्यार की एक भाषा होती है
और एक उम्र भी,
क्योंकि बहुत वक़्त बीत जाने पर
प्यार के बिरवे में पानी न पड़ने पर
प्यार भी मुरझाकर मर जाता है।
रिश्ते भी मतलबी और बूढ़े हो जाते हैं
इसलिए तो प्यार को
अमर करने के लिए एक उम्र
लगती है और
बीत जाती है ज़िन्दगी
प्यार को पाने के
सपने देखते
तरसते–तड़पते
पर शायद प्यार मर चुका
होता है बस उसकी
कहानी ज़िन्दा रहती है
फटी–पुरानी किताबों में
दीवानों के सन्दर्भ के लिए।

मंज़िल की तलाश

इतना प्यार क्यों करते हो
मैं तो तुम्हारे लायक़ नहीं
इतना इन्तज़ार क्यों करते हो
मैं शायद आ न सकूँ
मैंने बाँध लिया है ख़ुद को
बेकार की दुनियादारी में
और तलाशती रही
बेहतर, हाँ तुमसे भी बेहतर
प्यार की तलाश में
मुझे पता नहीं था
कि तुम 'भगवान' थे।

इतना ऐतबार क्यों क़रते हो
मैं उतनी बावफ़ा तो नहीं
शायद, तुम्हें नहीं पता
मैंने तुम्हें छोड़ा था
अपनी सहमति देकर
एक चमचमाती
दुनिया की तलाश में
पर, यह जान लो

तुम्हारे बिना मेरी दुनिया
चमकती तो थी
पर बेजान थी।

इतना क्यों बेक़रार करते हो
अब हममें प्यार तो नहीं,
प्यार कैसा होता है?
ठोस, द्रव्य या गैस?
मुझे लगता है कि
प्यार तो कहीं होता नहीं है
अगर होता तो मैं उसे किसी भी
तरह हासिल कर ही लेती
पर यह तलाश जारी है
ख़ुद की, तुम्हारी और
उस सोल्मेट की
जो कि अनन्त, अन्तरिक्ष व
अनजान है।

तेरी यादें

जब भी तुम्हें भूलने की कोशिश करती हूँ,
तुम क्यों मुझे अपनी यादें दिला जाते हो।

तेरी दुनिया में हम शामिल नहीं हैं शायद,
फिर क्यों बार–बार झलक दिखला जाते हो।

जब लगने लगा था कि तुम शायद भूल चुके हो मुझे,
तब क्यों महफ़िल में मेरा ज़िक्र कर जाते हो।

ये उम्र का फ़ासला, ये ख़यालात की दूरियाँ,
तुम कैसे आसानी से पार कर जाते हो।

उदासीन होने का दावा करते हो, तो क्यों,
मेरे नाम की चर्चा पर पहलू बदल जाते हो।

मैं तो तुम्हारे किसी काम की नहीं,
तुम क्यों मुझे अपनी मंज़िल बना जाते हो।

तसव्वुर में ना तो ख़्वाबों में ही सही,
तुम क्यों मुझे गले से लगा आँसू पोंछ जाते हो।

अभी भी बाक़ी है साँस हमारे रिश्ते की,
तभी तो तुम अनजानी क़िलक से भरमा जाते हो।

दुनिया को कुछ ना समझने वाले कभी,
क्यों मेरी ख़ातिर, लोगों के अहसानमन्द होते हो?

दिन–रात तेरी यादों से दूर जाने की कोशिश में,
तुम बिन बुलाये ही पास चले आते हो।

कोई नहीं समझता किसी की मजबूरियों को,
तुम बिन बताये कैसे सब जान जाते हो।

तय है हमारा क़यामत के दिन मिलना,
तब क्यों अभी मिलने की इरफ़ात कर जाते हो?

तुमसे अलग रहना मुश्किल है मेरे लिए भी,
क्या इसलिए मिलन की जुगत भिड़ा लेते हो?

सपना और तुम

जब हाथों में हाथ गूँथे हुए
पास–पास बैठकर
एक दूजे में डूबे हुए से
देखते थे हम दोनों
डूबते सूरज को
समन्दर किनारे–
झुकी–झुकी सी नज़रें तेरी
मेरी बाँहों के सहारे
तब एक मौन वादा किया था हमने
आँखों में तेरे खिलते गुलाबों को
कभी मुरझाने ना दूँगा
हाँ, मैं तुम्हें कभी जाने ना दूँगा।
मेरी अन्तहीन तलाश की तुम मंज़िल हो
तुमसे मिलकर जाना मैंने
प्रेम को पहचाना मैंने
अब जब तुमको पा लिया है मैंने
ख़ुदा से तुम्हें माँग लिया है मैंने
क़यामत तक साथ चलने के लिए
जीने और मरने के लिए

दुनिया में रहने के लिए
चुन लिया है तुमको मैंने
तुम भी मुझे अपना लो
प्रेम बदल सकता है हमारी
डेस्टिनी
बस तुम मुझे प्यार कर लो
ये बात मैं साबित कर दूँगा
हाँ, मैं तुम्हें अब मुझे छोड़कर
या मेरा दिल तोड़कर जाने ना दूँगा
रोक लूँगा तुझे हर हाल में
प्यार से इसरार से
आँसुओं की बाढ़ से
मन और मनुहार से
अब आ गयी हो ज़िन्दगी में तो
अब तुम्हें कहीं जाने ना दूँगा
हाँ, तुम्हें कहीं जाने ना दूँगा।

तुम आओ न

मैं टूट सकती थी
दुनिया की रुसवाइयों से
पर तुझसे जुड़ गयी
और टूटने से बच गयी।

मैं मर सकती थी
बेकार की दुश्मनी में
हलाक हो सकती थी
नफ़रत की शमशीरों से
तूने एक फूल क्या भेजा
कि मैं दुबारा जी गयी।

मैं रो–रो उठती थी
उदास–सी तनहाइयों में
ढूँढ़ती थी तुम्हारी निशानी
फटी–पुरानी किताबों में
तूने एक बार क्या पुकार लिया
मैं अकेलेपन से उबर गयी।

निराश हो चली थी मैं
ज़िन्दगी की विफलताओं से
डूब गयी थी निराशा के अन्ध–सागर में
तुमने हाथ बढ़ाकर मुझे थाम क्या लिया
कि मैं जीवन से भर गयी।

रात थी अन्तहीन–सी
काली भयावनी डरावनी–सी
सूनी आँखो को मूँदे तुम्हें ही
टेर रही थी मैं–
तुम सपनों में क्या आये,
मैं अरुणिमा सी छा गयी
मुझे तो ज़िन्दगी भा गयी।
एक पल में ज्यों युग बीत जाना
पल भर में बहारों का छा जाना
दिल के कमल का खिल जाना
शनिल की ख़ुशबू का बिखर जाना
फूलों का पैरों तले बिछ जाना
यूँ है तेरा अचानक आ जाना।

भरी–भरी आँखों का छलक पड़ना
मुँदी पलकों में सपनों का इतराना
मेरे पैरों में पंखों का उगना
मेरा बादलों के बीच उड़ना
तुमसे और ख़ुद से भी शर्माना
और तुमसे बोलते हुए लड़ियाना
जैसे, तेरा अचानक से आ जाना।

दिन का जल्दी पलक झपकाना
रात को मिलन के मुहूर्त लाना
चाँद का हमारे गोपन प्रेम का गवाह बनना
पेड़ों पर सहस्रों जुगनुओं का मँडराना

ज्यों सितारों से हो मेरी माँग भरना
हरसिंगार के फूलों का अनवरत झरना
काश! होता तुम्हारा अचानक से आ जाना।।

प्यार का बिज़नेस

सब बहुत प्यार से बोलंते हैं
मीठी–मीठी बातों से मोहते हैं
मैं भ्रमित हो जाती हूँ और
उनके सारे
काम कर देती हूँ या
फिर करवा देती हूँ
फिर वो कभी नंज़र नहीं आते हैं
पार्टियों में भी मुझसे नज़रें चुराते हैं
बेवजह, अपनी व्यस्तता जताते हैं
कुछ बीमारी के बहाने बनाते हैं
पर, फेसबुक पर छुट्टियों की तस्वीरें
में मुस्कुराते नाचते नज़र आ जाते हैं

अक्सर, हमें सच बोलने की सलाह दी जाती है
वो सत्य के लिए हम कितनी क़ीमतें चुकाते हैं
कितने लोगों को हमारे सही फ़ैसले कर जाते हैं
हम मुँहफट और अदूरदर्शी मान लिए जाते हैं
हाँ, सब रिश्ते–नाते पहचान हमें भरमाते हैं
जब बेगाने हमें तोड़ डालना ही चाहते हैं
तो, अपने लोग कमियों को और उघाड़ते जाते हैं
सच बोलने और सत्य मार्ग पर चलने की सज़ा सुनाते

तन्हाई और तुम्हारी यादें

हाँ, इन ख़ामोश रातों में
बहकी–बहकी बातों में
यू ही कभी ख़यालातों में
आ जाया करो ना तुम
जब चाँद भी नहीं चाँदनी भी नहीं
कहीं एक क़तरा रोशनी भी नहीं
हवा भी गुमसुम कोई रवानी भी नहीं
प्यार की फ़िल्म या कहानी भी नहीं
तो, इन ख़ामोश रातों में
तुम आ जाया करो,
हौले से सहलाया करो,
मीठी बातों से बहलाया करो
जब भीगती जाती है रात ख़ुद में डूबकर
सोने को चाहता है मन तेरी गोद में छुपकर
प्यार उबलता है तुमसे मिल–उफनकर
प्यार सोता है तेरे–मेरे दरमियाँ दुबककर
ऐसी ख़ामोश रातों में आ जाया करो

कोई मीठा नग़मा प्यार का गाओ कभी
इन गहरी रातों का राजदार बनो कभी
रोको इस रात को ना बीतने दो कभी
शायद ये रात वापस आये नहीं कभी
बस तुम आ जाओ इन रातों में कभी
वापस जाने की बात ना करो कभी

बारिश बनकर बरसो तुम

इस तपते तन मन पर
मलहम लगाओ तुम
तेरा साथ–
हो जैसे सावन की
रिमझिम फुहार
मल्हार बनकर उतरो तुम
इस सूखे जीवन में
अकाल जैसे पड़ गया है
खुशियों का मेरे घर आँगन में
हँसी की फुहार बनकर
गिरो तुम इस सुनसान बंजर में
सूखे पेड़ों की क़तारों को
दे दो फूलों और पत्तियों का
ओहार बनकर पधारो तुम
मेरे मन–उपवन में
दरार–सी पड़ गयी हो जैसे
ज़िन्दगी के रिश्तों में
हर कोई माँगता है हिसाब
मुझसे क़िस्तों में

प्यासा है जीवन की अमराई
उस दरार को पाटने
मेघों का पारावार
बन के उतरो तुम
बस आ भी जाओ।।

मेरे मन के मीत

मेरे जीवन का संगीत
गुम हो गया है
मेरा ध्रुव तारा
धूमकेतु बन गया है
मैं खड़ी हूँ काले अन्तरिक्ष
में तनविहीन
भारविहीन
प्राणविहीन
दिशाविहीन
रोशनी का एक क़तरा नहीं
क्योंकि
डूब गया है
मेरा चन्द्रमा
सूरज बन गया
है एक ठण्डा
ब्लैकहोल
स्वर्ग–नर्क
या पाताल
किसी की भी

ग्रैविटी मुझे
खींच नहीं पा रही
अपनी ओर
मैं बस गोल–गोल
चक्कर
लगा रही हूँ
काले अन्तरिक्ष में।

मेरे भीतर का
महादेव
कर रहा है नर्तन
ताण्डव समावर्तन
गर्जन तर्जन
कहाँ है जीवन?
जिसकी तलाश में
हमने खोद दिया
गड्ढा शून्य में भी
यहाँ पानी नहीं
प्राण वायु भी नहीं
चाँद नहीं
सूरज नहीं
बस एक डरावना
धूमकेतु है और
मैं उड़ी जा रही हूँ
उसके पूँछ के
साथ–साथ

जगत अगर
मिथ्या है तो
मोक्ष भी नहीं है
हमारा अस्तित्व भी नहीं

अहं ब्रह्मास्मि
यही सच है
सिर्फ़ स्थूल
जीवन सच है,
बाक़ी मौत तो अन्तरिक्ष यात्रा है।

तुम

ठिठुरती ज़िन्दगी में
तुम हो गुनगुनी धूप की
चमक और गरमाहट।
तुम्हारी यादें जैसे मरुस्थल
में ओएसिस की तरावट।
झंझावतों में जब झड़ते हैं पत्ते–
तब तुम बनते हो मेरी
बसन्त की उम्मीद–
जो समय आने पर
ढाँक देता है पेड़ों को
ना सिर्फ़ पत्तों से–
बल्कि ले आता है
मधुमास सारी सृष्टि के लिए।

तुम्हारा स्पर्श–
महकाता है तनमन को
चम्पा की सुगन्ध से,
और तुम छाँव बन
गये हो चेरी ब्लॉसम का
मेरे लिए, और मैं

फूल बन रही हूँ
चटकती कली–सी
तेरी यादों के किरण तले।

ये तन्हाई, ये अँधेरा
ये हु हु करती
तूफ़ानी हवा के थपेड़े
ले आते हैं तुम्हारी
दस्तक मेरी नींद में
और मैं रातरानी सी
खिल रही हूँ
महक रही हूँ, और
बिखरती जाती हूँ
तुम्हारे यादों के
रास्ते में–
जिसपर चलकर
तुम आओगे।

❏❏